vice versa verlag

Ein Vergleich zweier Städte nach der Teilung

A comparison of two cities after separation

Beirut - Berlin

Stefanie Bürkle

&

Thomas Sakschewski

Catalogue of the exhibition „Beirut-Berlin"

December 1996 Beirut:
Beirut Central District (Foch Street) and Centre Culturel Français
June 1997 Berlin: Deutsches Architektur Zentrum and Akademie der Künste
Juli 1997 Paris

Katalog zur Ausstellung „Beirut-Berlin"

Dezember 1996 Beirut:
Beirut Central District (Rue Foch) und Centre Culturel Français
Juni 1997 Berlin: Deutsches Architektur Zentrum und Akademie der Künste
Juli 1997 Paris

*Special thanks to Peter Abdallah,
Paul Antonios, Danielle Chikani, Beatrice Kindler,
the Hecate-Team, Bernhard Mouchbahani,
Nada Noun, Philip Bajjaly, Ghada, Dr. Hans Stimmann,
Rula und Sany Jamal, Jean Paul Lebas and Claus Steckeweh*

Unserer besondere Dank gilt Peter Abdallah,
Paul Antonios, Danielle Chikani, Beatrice Kindler, allen
Mitarbeitern von Hecate, Bernhard Mouchbahani, Rhada,
Nada Noun, Philip Bajjaly, Ghada, Dr. Hans Stimmann,
Rula und Sany Jamal, Jean Paul Lebas und Claus Steckeweh

*The project could not have been realized without the kind
support of the following companies.*

Ohne die freundliche Unterstützung folgender
Unternehmen hätte das Projekt „Beirut-Berlin" nicht
realisiert werden können.

BEIRUT-BERLIN - EIN VERGLEICH ZWEIER STÄDTE NACH DER TEILUNG

Thomas Sakschewski im Gespräch mit Stefanie Bürkle

"Beirut-Berlin" versucht zwei Hauptstädte im Wiederaufbau mit künstlerischen Mitteln zu vergleichen. Was ist Dein Antrieb gewesen, als Künstlerin ein Projekt realisieren zu wollen, das weit über die Grenzen einer Leinwand hinausgeht?

Die Motivation ist aus der Malerei selbst geboren worden. Ich verstehe das Projekt als Bestandteil meiner künstlerischen Arbeit, denn mit der Baustelle als Thema meiner Malerei beschäftige ich mich schon seit zehn Jahren. Mit den "Grands Projets" in Paris hat Mitte der achtziger Jahre meine Faszination für dieses Thema angefangen. Die Bilder aus dieser Zeit waren vor allem von der Bautechnik geprägt. Die farbigen Gerüstelemente fesselten meine Aufmerksamkeit genauso wie die durcheinander gewürfelten Haufen verschiedener Baumaterialien. In Berlin habe ich aufgehört, das Technische einer Baustelle wie einen Ausschnitt aus einem riesigen Bühnenbild zu behandeln. In Berlin sind ja anders als in Paris nicht Parzellen einer intakten Stadtkulisse erneuert worden, sondern das Zentrum, also das Herz der Stadt, öffnete sich nach dem Mauerfall. Aus meiner Malerei ergab sich schon da die Frage, was mit der Leere im Zentrum passiert. Dieselbe Frage stellte sich mir dann auch in Beirut. Einer Stadt, der das Zentrum genauso fehlt wie Berlin.

Das gesamte Zentrum Beiruts wird neu gedacht und wiederaufgebaut. In Berlin ist die Situation ähnlich und durch beider Bedeutung als Hauptstadt und als Spiegelbild verschiedenster Sehnsüchte und Hoffnungen genauso verwoben mit dem schwierigen Begriff einer nationalen Identität.

Die Diskurse, die Emotionen, die Entscheidungen in Beirut lassen sich mit denen in Berlin vergleichen. Der Kern meines künstlerischen Interesses war also der Versuch einer Bestandsaufnahme in dem kurzen, sehr kurzen Zeitraum zwischen Teilung und Aufbau eines – wie auch immer gearteten – neuen Zentrums. Nicht nur die Reaktionen und architektonischen Lösungsvorschläge, sondern auch das reale Ausmaß der Wiederaufbaupläne im Zentrum schaffen eine Verbindung.

Potsdamer Platz und Beirut-Downtown sind der lebendige Mittelpunkt der Stadt gewesen. Beide sind durch Teilung und Krieg zerstört. Beide sind hochemotional besetzte Gebiete. Die Kommentare, Diskussionen, Kritiken zu den Plänen am Potsdamer Platz füllen Bände. Aber noch einmal zurück zu Deiner Motivation als Künstlerin. Grenzt es nicht an Anmaßung, einen Städtevergleich über den Wiederaufbau des Zentrums in beiden Städten mit den Mitteln der Kunst realisieren zu wollen, wo dies doch eigentlich ein Thema für Soziologen oder Urbanisten wäre?

Es ist ein Erlebnis, in eine Stadt zu kommen, die mit der eigenen Geschichte nichts zu tun hat, und trotzdem dort Fragmente zu finden, die ich auch in meiner eigenen Stadt finden kann. Jede Form künstlerischen Interesses ist auch eine Suche nach der eigenen Geschichte. Wenn man Spuren dieser Geschichte finden kann, dann kann man auch eine fremde Stadt verstehen lernen. Wenn man mit dem Blick vom obersten Stockwerk des Tour Murr begreift, was eine Schußlinie bedeutet, kann man das deswegen verstehen, weil man weiß, was ein Wachturm an der Mauer gewesen ist. Dies hat viel damit zu tun, daß ich mir anmaße, die Stadt, in der man lebt, mit einer mir vorher fremd gewesenen zu vergleichen. In der Malerei geht diese Verschränkung der Blickwinkel noch viel weiter, weil die Bilder, ob sie nun Beirut oder Berlin zeigen, eben nicht dokumentarisch einzuordnen sind, sondern bewußt Elemente durchmischen.

Der Städtevergleich setzt die Behauptung voraus, daß Beirut und Berlin sich in der Phase eines durch Krieg verursachten Wiederaufbaus befinden. Das Gründerzeitfieber in Berlin nach der Wiedervereinigung fand ja vor allem in den Stadtgebieten statt, die als Folge des Kalten Krieges vernachlässigte Randzonen an der Grenze der beiden Systeme waren. Ebenso wird natürlich vorausgesetzt, daß sich Städte überhaupt vergleichen lassen.

Auch das. Ein Vergleich läßt immer sehr schnell ein Kondensat der Unterschiede entstehen. Malerei und Fotografie haben sich dabei als hervorragende Instrumente der Vermittlung herausgestellt, weil sie eben nicht Objektivität beanspruchen. Der bewußt Subjektivität einkalkulierende Ansatz dieses Projekts ist paradoxerweise gerade deswegen für dieses Thema geeignet, weil er Fehler miteinschließt.

Der Vergleich "Beirut-Berlin" erhebt einen Anspruch nicht: Den Anspruch der Vollständigkeit. "Beirut-Berlin" bietet einen Überblick, bietet Nahtstellen und assoziative Querverbindungen aus einer Gegenüberstellung der beiden Städte. Das Projekt ist keine historische und auch keine architekturhistorische Auseinandersetzung, sondern eine poetische Annäherung.

Als Künstlerin bin ich in erster Linie ein Augentier und ich sehe an der Haut der Stadt – an den Brachen, wo abgerissen worden ist und an den Plätzen, an denen gebaut wird – den Menschen darin. Auch wenn der Mensch in den Bildern von Großbaustellen fehlen muß, denn diese Maschinen im Stadtraum haben keinen menschlichen Maßstab mehr. Ich wünsche, daß es dem Betrachter möglich ist, dies genauso aus den Bildern zu lesen. Die Mittel sind unspektakulär und klassisch. In Bezug auf die Malerei ist diese unzeitgemäße Art, den Wiederaufbau in Öl festhalten zu wollen, weiterhin für mich das Instrument einer Vermittlung, das gleichzeitig viel mehr Seiten eines Gegenstandes zeigen kann als jedes andere Medium. Beirut ist eine Stadt, die aufgebrochen und verletzt ist, sich aber im Aufbruch befindet. Das Aufgebrochen-Sein und der Aufbruch finden gleichzeitig statt.

Man sieht die Ecken und Kanten, die Gegensätze und Widersprüche. Der Vergleich ist ja nicht nur ein Vergleich zwischen Beirut und Berlin, sondern auch zwischen Fotografie und Malerei, denn er findet eben nicht auf dem roten Teppich einer nur ingenieurstechnischen Aufrechnung der Bauleistungen statt, sondern auf einer assoziativen Ebene. Fäden werden gespannt, aber knoten muß man sie selbst.

Beirut und Berlin sind doch auch historisch völlig unterschiedlich gewachsen, unterliegen gegensätzlichen architektonischen Einflüssen, sind eben kaum vergleichbar, wenn beide nicht durch eine Geschichte der Teilung verbunden im Zentrum zerstört wären. Ihre Wege kreuzen sich im momentanen Zwischenstadium der Geschichte. Nur in der Gegenwart sind beide Städte vergleichbar. Teilung-Abriß-Wiederaufbau des Zentrums: Um diese Punkte dreht sich

unser Vorhaben. Das was in Berlin nach dem Krieg und nach Fall der Mauer passierte, passiert jetzt in Beirut gleichzeitig.

Aber ist diese Einbeziehung des "Anno Zero" Deutschlands nicht eigentlich eine Verunreinigung des Vergleichs?

Nein. Es ist ein Ergebnis des Vergleichs. Eine künstlerische Bestandsaufnahme der Gegenwart fixiert die Vergangenheit, die darin liegt. Das ist das, wovon ich hoffe, daß es meine Bilder leisten. Ich will den Zustand im Jetzt der Ausgrabungen und des Unfertigen zeigen. Diesen flüchtigen Moment, aufgewertet durch ein so traditionelles Medium wie die Ölmalerei, möchte ich festhalten, damit die Stadt jetzt schon als Bewegung und Veränderung begriffen wird.

"Beirut-Berlin" attempts at artistically observing two capitals under reconstruction. What has motivated you in realizing a project which goes beyond the boundaries of just painting?

The motivation is born out of the process of painting itself. I consider this project as an element of my work, as builing sites have occupied a majority of themes in my painting for the past ten years. I was originally with the "Grands Projets" in Paris in the eighties. At that time, my work was mainly dominated by the mark of construction techniques. The colourful scaffolding have captivated my attention to the same degree as did the piles of various building materials. On returning to Berlin I ceased to elaborate on specific technical details in a construction site, instead I began treating the whole of a construction site as a scenic, urban landcape. Unlike in Paris, in Berlin the whole of the heart of the city has been renovated, which leads to its opening after the fall of the Wall. Through my work the question rose at the time about the emptyness in a city center. On visiting Beirut I asked myself the same question: Here is a city which has been missing its center, just like Berlin.

The whole of Beirut Central District is currently in the process of being redefined and rebuilt. This is true of both, Berlin and Beirut. Moreover, both cities are a mirror image of diverse desires and hopes, mixed with the concept and difficult notion of a national identity.

The issues, emotions and decisions regarding the reconstruction of the center are easily comparable to those in

Berlin. The core of my artistic interest was the attempt at an analysis of a short lapse of time between partition and reconstruction of a city center, no matter what it will look like in the future. In addition to this, both city centers have a further aspect in common: Public reactions and urban designs interact with the real dimension of the reconstruction plans.

Potsdamer Platz and Beirut Central District used to be the heartbeat of their respective towns. Both have been destroyed and divided by war. Both are full of emotional value. The comments, discussions and criticisms surrounding the Master Plan of Potsdamer Platz are plentiful. But, going back to the issue of your personal motivation: It sounds like a presumption to make a comparison of reconstructing the city centers in both cities through art. Wouldn't this rather be a subject for sociologists and urban designers?

It is quite an experience to be in a city which is not related to my own history, and yet, to find fragments which I can also relate to my own history. Every form of artistic interest is also a research of one's own identity. When we discover traces of our own history, we will be in a position to understand a foreign city. When looking down from the highest floor of the Murr Tower, you realize what a sniper's firing-line means, you do so because you have already been in what used to be an observation tower by the former Berlin Wall. Therefore I find it possible to compare my current home, Berlin, with an unknown city like Beirut. In my paintings, the interlacing of different artistic visions go very

BEIRUT-BERLIN – A COMPARISON BETWEEN TWO CITIES AFTER SEPARATION
Thomas Sakschewski in an interview with Stefanie Bürkle

far, as the images of both, Beirut and Berlin, in my work are not purely documentary; they become a conscious mixture of existing urban landscapes and imaginary elements.

The comparison further implies that Beirut and Berlin are two cities in a phase of a post-war reconstruction. What the so called Cold War achieved, creating a divided city in Berlin, seventeen years of war in Berut did the same to the Lebanese capital. Reconstruction fever is most dominant in exactly these former borderlines, which have been the most important development areas after reunification in both cities.

Comparison usually entails the concentration of differences. Painting and photography provide suitable instruments for communicating this idea of the project, because they are sustainable without objectivity. Paradoxally this deliberately included subjectivity of the project is ideal for developing this theme, because it includes the possibility of deviations.

While our comparison between Beirut and Berlin does not claim to be complete in all facts and figures, it simply offers an overview. The project is neither a historic analysis, nor is it architecto-historic, but a poetic approach.

As an artist, I am in a position to have a insight into the city I see the buildings and squares which suffered so much demolition, destruction and damage, and I see its people in the reality of their present. Often, people do not appear in the paintings, because I consider these gigantic building sites out of human scale. I hope that the recipient of this exhibition will be able to read this in the paintings. The technique and style of my paintings is rather classic and unspectacular. What regards my work, my decision to capture images of reconstruction in oil, a technique widely

regarded as out-of-date, is a deliberate one as for me oil on canvas, more than any other media remains the suitable instrument of transmitting the different sides of a subject. Beirut is a broken town, even injured, but is in full revival. Unearthing and the cities new growth take place in the same time.

One can see the problematic, the contrasts and contradictions. We are not only comparing Beirut to Berlin, but also photography to painting. It does not compare the technical data of the engineering and reconstruction work.

Beirut and Berlin have developed in different ways over decades. They are barely comparable because of various architectural influences, and remain to be so on many grounds apart from the common fate of separation and destruction in their respective city centers. It is only today that the two cities are comparable. Division-demolition-reconstruction of the centers: It is in this context that our project is set up. What happened in Berlin after the World War II, and after the fall of the Wall is happening today in Beirut.

Is the introduction of the "Anno Zero" connotation of Germany's past then a falacy in this comparison?

No. It is a consequence of it. An artistic inventory of the present has pinpointed the past. It is this that I hope my paintings will express. I wish to show the present state of working the ground and the unfinished. My aim is to capture these fugitive moments, through a traditional media such as oil painting, so that even now the city could be understood as movement and change.

BEYROUTH-BERLIN – UN COMPARATIF ENTRE DEUX VILLES APRÈS LA DIVISION
Thomas Sakschewski dans une entrevue avec Stefanie Bürkle

"Beyrouth-Berlin" est une exposition qui tente de comparer deux capitales en cours de reconstruction, avec des moyens artistiques. Qu'est-ce qui t'a poussé, en tant qu'artiste, à développer un tel projet, au-delà des limites d'une toile?

La motivation est née de la peinture elle-même, je conçois le projet comme un élément de mon travail artistique, comme thème de ma peinture depuis dix ans. Ce sujet a commencé à me fasciner à la fin des années quatre-vingt avec les "grands projets" de Paris. Mon œuvre à cette époque était surtout inspiré par la technologie de construction. Les

équipments de chantiers colorés ont attiré mon attention de la même manière que les divers remblais et stocks de matériaux de construction. A Paris il s'agissait d'un "grand chantier" qui était en cours d'insertion dans un cadre urbain en parfait état, alors qu'à Berlin il s'agissait d'opérer dans un immense champs, qui est le cœur de la ville qui s'offrait à la vue après la chute du mur. A partir de ma peinture je me suis posée la question suivante: Que devient le vide dans le centre-ville? Cette question aussi, je me la pose à Beyrouth, une ville à laquelle manque un centre.

Comme à Berlin, l'ensemble du centre-ville (Beirut Central District) de Beyrouth est en cours de reconstruction, en parallèle une grande réflexion à tous les niveaux est en cours parmi tous les acteurs et les citoyens intéressés par leur ville, car la Capitale reste le lieu oùo les désirs et espérances, s'entremêlent avec la question difficile de l'identité nationale.

A Beyrouth les discours, les émotions et les décisions se comparent à ceux de Berlin. Le principal centre d'intérêt de mon activité artistique se limite à la courte période, entre la fin de la rupture, les destructions et le lancement de la reconstruction des centres des deux villes, qui ont en commun un grand projet urbain de taille et d'ambition comparable.

La Potsdamer Platz et le centre-ville de Beyrouth, furent le cœur bouillonant de la ville. Tous les deux sont détruits par la division et la guerre. Tous les deux sont des lieux habités de grandes émotions, les commentaires, les discussions et les critiques concernant les plans de la Potsdamer Platz rempliraient des volumes. Revenant encore une fois à ta motivation, d'artiste, n'est il pas trop ambiteux d'essayer de comparer la reconstruction des deux Centre-ville à travers l'Art? Ne s'agit-il pas d'un thème réservé aux sociologues ou aux urbanistes?

Il s'agit d'un expérience exceptionelle que d'arriver dans une ville inconnue et étrangère à mon histoire et de retrouver des fragments que je pourrai reconnaître et retrouver dans ma propre ville. Quand on arrive à découvrir des traces de cette histoire, alors on est en mesure de comprendre une ville étrangère. Quand on constate du haut du dernier étage de la Tour Murr ce que signifie un axe de tir, on peut comprendre ce qu'était une tour de mire érigée sur le Mur de Berlin. Dans ma peinture, ce mélange, ou cet entrelacement de l'angle visuel s'étend bien plus loin, tandis que les images, de Beyrouth ou de Berlin, ne restent pas documentaires, mais deviennent des éléments entremêlés.

La comparaison implique l'affirmation que Beyrouth et Berlin, se trouvent dans une phase de reconstruction, suite à une guerre. La guerre froide a créé des zones limitrophes entre les deux "Systèmes". Ces quartiers abandonnés entre Berlin Est et Ouest sont devenus aujourd'hui le centre de toute l'activité de reconstruction.

Une comparaison laisse appraitre très vite de flagrantes différences. La peinture et la photographie sont intervenues comme des instruments proéminents, alors qu'elles ne revendiquent aucune objectivité.

La comparaison "Beyrouth-Berlin" ne revendique pas d'être intégrale, "Beyrouth-Berlin" offre une vue rapide sur les lignes de soudure et de joncture entre les deux secteurs de chacune des deux villes et leurs ressemblances. Le projet n'est pas une analyse de l'histoire de la ville et de son architecture, mais plutôt une approche poétique.

En tant qu'artiste je vois à travers l'enveloppe de la ville et les espaces qui ont subi tant de démolitions et de dégâts, les hommes qui y vivent. Justement ceux-là, n'apparaissent presque pas dans mes toiles puisque je considère ces chantiers monumentaux comme hors de l'échelle humaine. Je voudrais que l'observateur puisse le lire dans les images. En ce qui concerne la peinture, cet art démodé, les moyens utilisés sont plus classiques que spectaculaires. Je tente de valoriser un thème aussi banal qu'un chantier en le fixant sur une peinture à l'huile. Il s'agit pour moi d'un instrument d'intervention qui montre simultanément plusieurs faces d'un sujet, mieux que d'autres medias. Beyrouth est une ville qui est brisée et même blessée, mais qui est toutefois en état de renaissance.

On voit les coins et les angles, les contrastes et les contradictions. La comparaison ne se tient pas dans les discussions feutrés de calculs sur les questions de chiffres et statistiques mais plutôt à un niveau social où la concertation a sa place.

Beyrouth et Berlin sont deux Capitales historiquement et architecturalement très différentes. Elles seraient à peine comparables sans leur même histoire commune, en termes de division, de séparation et de destruction de centre-ville; Leurs chemins viennent de se croiser dans cette phase de l'histoire. Ce qui s'est déroulé à Berlin après la deuxième guerre mondiale puis après la chute du Mur se déroule à présent simultanément à Beyrouth.

Cette explication de l' "Anno Zero" de l'Allemagne n'est-elle pas, particulièrement, une falsification de la comparaison?

Non, il s'agit d'une conséquence de la comparaison, un inventaire artistique du présent fixe le passé qui s'y trouve, ce que j'éspère, c'est que mes tableaux puissent l'exprimer. Je désire montrer la transition du passé au futur de la ville par son présent. Ces moment fugitifs revalorisés à travers un moyen si traditionnel comme la peinture à l'huile, je voudrais pouvoir figer ces moments fugitifs par un moyen aussi traditionnel que la peinture à l'huile, afin que la ville puisse être appréhendée dès ce jour comme un mouvement et un changement.

X

Tearing down post war constructions in the Reichstag
Abriß der Nachkriegseinbauten im Reichstagsgebäude

View into the west side of the Plenarsaal
Blick in den Plenarsaal (in Richtung Westen)

View into the east side of the Plenarsaal
Blick in den Plenarsaal in Richtung Osten

View from the Murr Tower onto west Beirut
Blick vom Tour Murr (in Richtung West-Beirut)

View from the Murr Tower onto downtown Beirut
Blick vom Tour Murr (in Richtung Beirut-Downtown)

Nach Ausgrabungen auf dem
Gebiet der Souks ein Rundumblick
vom Grund der für Tiefgaragen
entstandenen Baugrube auf die
verbliebenen Gebäude

After the excavations in the old souks area, a look around out of the building site onto remaining buildings

The excavations of the Roman Baths behind the Riad El Solh Street
Ausgrabung des Römischen Bades hinter der Riad El Solh Street

*Phoenician foundations appear through the base pillars of a
demolished, war torn building*
Die Beseitigung eines kriegsbeschädigten Gebäudes bringt
zwischen den Betonsäulen phönizische Fundamente zutage

Tearing down of the state owned Casino in East Berlin, which was only completed after the fall of the wall and never opened

Abriß des erst nach Mauerfall fertiggestellten, nie eröffneten staatlichen Casinos im Ostteil Berlins

Tearing down a residential building in the Center
Abriß eines Wohnhauses im Zentrum

New construction of the city highway
Neubau der Stadtautobahn

Place des Martyrs

Restoration of the bank buildings in Riad El Solh Street
Restaurierung der Bankgebäude in der Riad El Solh Straße

*In the forground, construction works on the city highway, in the
background The ring, which connects west Beirut with east Beirut*

Im Vordergrund Bauarbeiten an der Stadtautobahn und im
Hintergrund der Ring, der Ost- und West-Beirut verbindet

The Info Box at Potsdamer Platz
Die Info Box am Potsdamer Platz

The Potsdamer Platz
Der Potsdamer Platz

Beirut-Downtown
Beirut-Downtown

Entrance to the underground parkings of the office block built by Arata Isozaki
Tiefgarageneinfahrt zum Bürogebäude von Arata Isozaki am Potsdamer Platz

Urban landscape in East Berlin
Stadtlandschaft im Ostteil Berlins

Demolition of the Hotel Berolina
Abriß des Hotels Berolina

XV

XVIII

XX

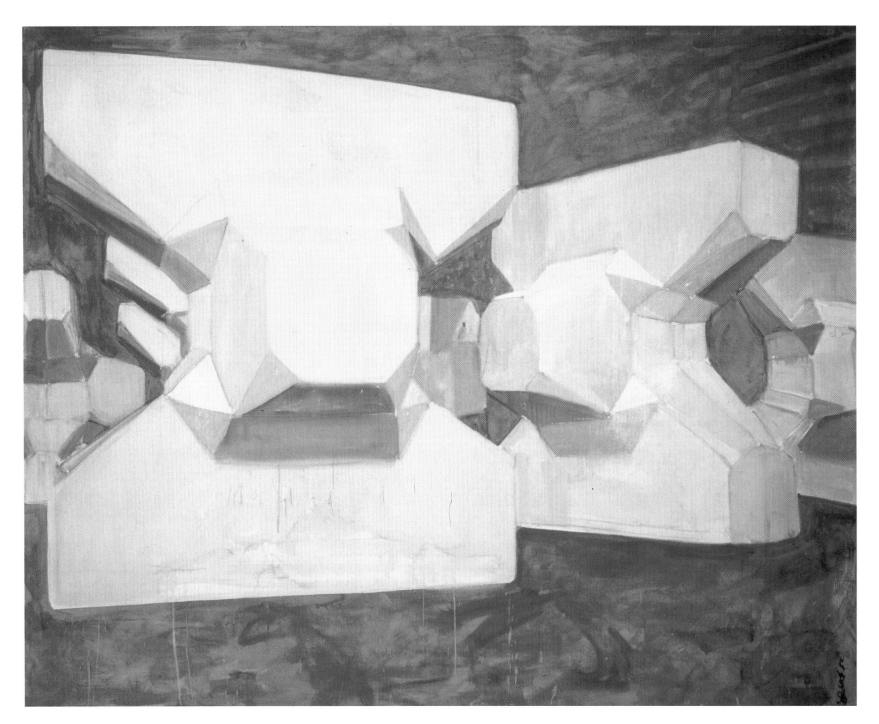

XXIII

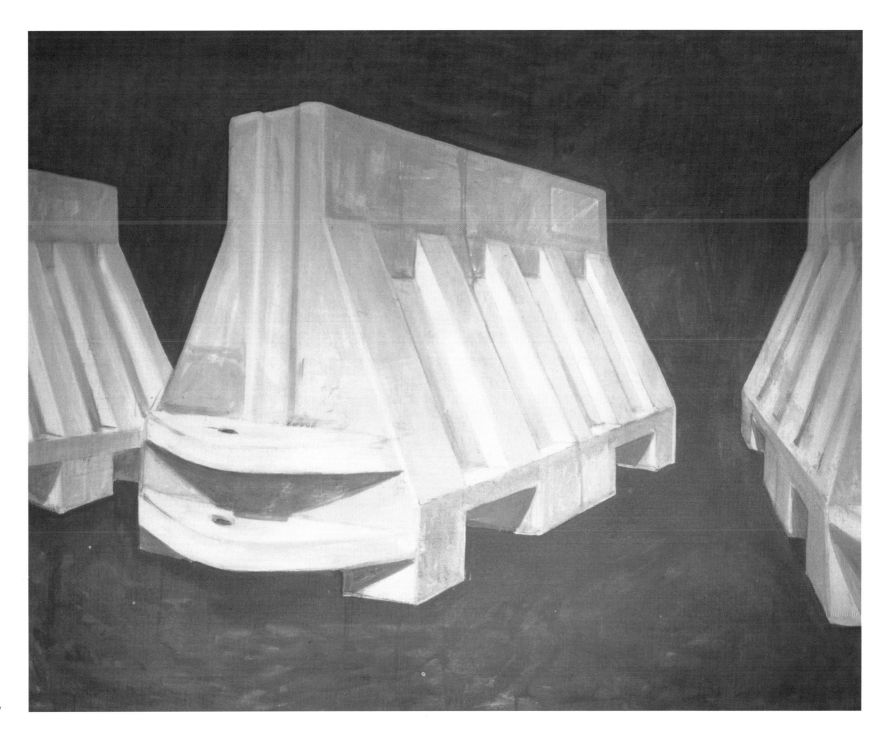

XXV

XXVIII

Unearthing the foundations of the old palace in front of the Palast der Republik
Freilegung des Schloßfundaments vor dem Palast der Republik

After tearing down the Foreign Ministry of the former GDR
Nach dem Abriß des Außenministeriums der DDR

The Holiday Inn
Das Holiday Inn

The reconstruction of the Beirut Serail
Die Rekonstruktion des Serails in Beirut

Building site at Checkpoint Charlie
Baugrube am Checkpoint Charlie

Buildings under construction along the river Spree
Neubauten an der Spree

Musterfassaden am Potsdamer Platz
Patterns of new facades at the Potdamer Platz

Infrastrukturarbeiten und Gebäudesicherung im Zentrum
Works on infrastructure and building security in the City Center

The frame of the former, and the skelleton of the new stadium in southern Beirut

Der Torso des alten und Rohbau des neuen Stadions im Süden Beiruts

The future spectator grandstand on the inside of the stadium
Die zukünftigen Zuschauertribünen im Inneren

A residential block near the stadium
Ein Wohnblock unnweit des neuen Stadions

Refugees from South Lebanon in the City Center
Flüchtlinge aus dem Süden Libanons im Stadtzentrum

Beirut and Berlin have much in common: two capital cities that were severed by wartime barriers, now reuniting. Although the "Green Line" and the "Wall" have been eradicated both cities are now seeking to re-connect across the old divide, and to stimulate a renewed national identity within a changing region.

In both cities there is also an imprtant role for art and culture in the regeneration process. In Beirut the many cultural events that now take place in the downtown, against the backdrop of massive construction activity, are helping to draw in the crowds and relaunch the Central District as the city`s meeting point and "social arena", where all the Lebanese communities can meet. The rebirth of the city centre as Beirut`s cultural focus is also emphasised by the rich archaeological discoveries that are being made there, witness to the city`s 5,000 year heritage.

As a city of culture, Berlin values the highest design quality and has used the design competition process to great effect, involving local and many celebrated architects from around the world in the regeneration of the city. Through the IBA programme and other design competitions Berlin has become a pre-eminent European centre of contemporary architecture and urban design. In Beirut`s city centre, SOLIDERE is using a similiar competition process and may benefit from the successful experience of Berlin`s Potsdamer Platz competition - through which the city is creating a new urban focus and public space of national importance - to undertake a similiar process for the re-creation of Martyrs Square.

The impetus behind Berlin`s Potsdamer Platz stemmed from the private sector: it exemplifies the increasing and direct involvement, throughout the world, of the private sector in major urban restructuring and regeneration. SOLIDERE take this process a stage further, combining the many thousands of existing stakeholders in the city centre with new investors, and undertaking the restoration and development of the Central District and reconstruction of the entire public domain on behalf of the Government, through the implementation of a comprehensive Master Plan.

Beirut und Berlin haben viel gemein: Zwei Hauptstädte, die durch kriegsbedingte Grenzen geteilt waren, sind nun wiedervereint. Auch wenn die "Green Line" und die "Mauer" seit einiger Zeit schon nicht mehr existieren, ist der Prozeß des Zusammenwachsens über die alte Trennungslinie hinweg in beiden Städten noch nicht abgeschlossen und so muß auch das Konzept ihrer nationalen Identität innerhalb einer sich verändernden Region weiterentwickelt werden.

In beiden Städten spielen Kunst und Kultur in der Wiederbelebung der Stadt eine große Rolle. Trotz allen Schwierigkeiten, die durch den großen Umfang der Bauarbeiten mannigfaltig sind, finden derzeit eine große Anzahl von kulturellen Veranstaltungen in Downtown statt. Diese Veranstaltungen helfen dabei, die Menschen wieder zurück ins Zentrum zu holen und den Beirut Central District wieder als den städtischen Treffpunkt und die "social arena" zu etablieren, wo sich alle Libanesischen Gemeinschaften und Gruppen treffen können. Die Wiedergeburt des Stadtzentrums als Mittelpunkt des kulturellen Lebens wird besonders bedeutsam durch die reichhaltigen archäologischen Entdeckungen, die hier gemacht worden sind und über eine 5.000 jährige Stadtgeschichte Auskunft geben.

Als Kulturstadt hat Berlin einen hohen Gestaltunganspruch, dem durch eine Wettbewerbskultur Rechnung getragen wird, die örtliche und international bekannte Architekten in die Planung zur Neugestaltung der Stadt miteinbezieht. Durch das IBA Programm und andere Architekturwettbewerbe ist Berlin zum wichtigsten europäischen Zentrum für Architektur und Stadtplanung geworden. Für das Stadtzentrum von Beirut arbeitet SOLIDERE mit einem vergleichbaren Wettbewerbsverfahren und wird sicherlich von den Erfahrungen bei dem Wettbewerb zum Potsdamer Platz profitieren können, um wie am Beispiel des Potsdamer Platzes, wo für die Stadt ein neuer Mittelpunkt und ein Zentrum von nationaler Bedeutung erschaffen wird, einen ähnlichen Prozeß der Wiederbelebung am Place des Martyrs in Gang zu setzen.

Der Antrieb für das Projekt Potsdamer Platz stammt aus dem privaten Sektor: ein beispielhafter Vorgang, der deutlich macht, daß die zunehmende und direkte Inanspruchnahme der Privatwirtschaft bei großen städtischen Erneuerungs- und Umbauplänen weltweit stattfindet. SOLIDERE aber geht einen Schritt weiter. Das Unternehmen verbindet die vielen Tausend Ansprüche der Alteigentümer und Mieter im Stadtzentrum mit den Interessen neuer Investoren, und übernimmt im Auftrag der Regierung durch die Einführung eines übergreifenden Master Plans die Restaurierung und Entwicklung des Central Districts, sowie den Wiederaufbau und die Erneuerung der gesamten Infrastruktur.

A TALE OF TWO CITIES

SOLIDERE • The Lebanese Company for the Development and Reconstruction of the Beirut Central District, S.A.L.

SOLIDERE

OUR NEW HEADQUARTERS
Banque Audi S.A.L.

We would like to announce that the construction of our new head office, in a prime location in the re-emerging Beirut Central District has begun to take shape. The plot of land we have chosen has a historic landmark structure that bears witness of a long heritage steeped in the history of the country. The new site is 4,600 sqm. in area and lies at the end of the principal new avenue between the Grand Serail and the sea and extends to Bab Idriss and the Capucinne church.

Upon completition the new edifice will house senior and general management as well as all our administrative and operations departments. The new main branch of the bank will also be establihed in this location. It is foreseen, that such a move, whereby all members of our head office staff are present in the same vicinity, with direct access to senior management, is further bound to increase productivity and act as a positive stimulus.

The key feature of the development is providing a transition between old and new at the threshold of the Conservation Area and helping re-establish the historic gateway square at Bab Idriss. Equally responsive to context, the new public space on the eastern frontage of the site forms a setting to the restored Capucinne church opposite and opens on to an internal public garden within the development, and provides a link in the chain of green spaces leading down from the Serail plateau toward the Souk gardens and squares.

The scheme is of two independent buildings enclosing a public garden served by shops and cafes. The total built up area is around 14,500 sqm. over three basements. The headquarters building is five floors high with the principal entrance in the form of a landscaped atrium site. The second building, on the corner of Bab Idriss, is an independent commercial building of seven floors reconstructed using carved stones from the original building on the site.

With the Bank continually seeking and attaining new horizons, we feel that our new headquarters is bound to add a new physical dimension to our future achievements.

Wir freuen uns, mitteilen zu können, daß der Bau unseres neuen Firmensitzes in bester Lage mitten im wiederauflebenden Beirut Central District beginnt, Kontur zu bekommen. Das Grundstück, das wir uns ausgesucht haben, hat eine historische Parzellenstruktur, die Zeugnis über die lange Geschichte des Landes gibt. Das neue Grundstück mit einer Gesamtfläche von 4.600 Quadratmetern, das sich bis Bab Idriss und bis zur Kapuziner Kirche erstreckt, liegt am Ende der neuen Hauptstraße, die vom Grand Serail bis zum Meer verläuft.

Nach Abschluß der Arbeiten wird der neue Hauptsitz Senior und General Management genauso beherbergen, wie alle administrativen und operativen Abteilungen. Ebenso wird hier auch die neue Hauptfiliale der Bank eingerichtet werden. Es ist vorauszusehen, daß der Umzug in den neuen Firmensitz, bei dem alle Mitarbeiter der Hauptzentrale unter einem Dach und in nächster Nähe zum Senior Management arbeiten werden, ein weiterer Schritt dahin ist, die Produktivität zu steigern und Anreize zu schaffen.

Durch seine Schlüsselposition im restaurierten Stadtgebiet war bei der Entwicklung des Grundstücks das Hauptmerkmal die Verbindung von alt und neu, um die Wiederbelebung der historischen Brückenfuntion des Platzes Bab Idriss zu unterstützen. Genauso integriert sich der neue öffentliche Platz an der östlichen Grundstücksgrenze, der durch die restaurierte Kapuziner Kirche gegenüber charakterisiert wird und sich zu einem innerhalb des Gebäudes liegenden Garten öffnet, indem er sich in die Kette der Grünanlagen einreiht, die vom Serail herunter bis zu den Parks und Plätzen der Souks führen.

Die Grundstruktur besteht aus zwei unabhängigen Gebäuden, die den öffentlichen Garten, bereichert um Läden und Cafes, umschließen. Die Nutzfläche über den drei Tiefgeschossen wird etwa 14.500 Quadratmeter betragen. Das Gebäude, das unserer neuer Firmensitz sein wird, ist fünf Stockwerke hoch und verfügt über ein begrüntes Atrium als zentralen Empfang. Das zweite Gebäude mit sieben Stockwerken an der Ecke von Bab Idriss ist ein Büro- und Gewerbegebäude, das mit den originalen Steinen des ursprünglich an diesem Platz stehenden Hauses wiederaufgebaut wird.

Als eine Bank, die beständig neue Horizonte sucht und erreicht, glauben wir, daß "Our New Headquarters" unseren künftigen Erfolgen durch ihre bauliche Dimension gerecht wird.

Banque Audi
sal
THE ART OF BANKING

Lorsque la Terre est drapée de Nuit,

... Ô NUIT, fidèle dépositaire des nos secrets, Ô HECATE dont le pouvoir brise tout ce qui lui résiste, tu es la confidente de nos desseins et tu nous apportes aide à toutes nos incantations, ...

... Lorsque la Terre est drapée de nuit,

toi "HECATE" déesse de l'ombre lunaire et des nuits mystérieuses, tu deviens la déesse des "Carrefours", hantée par des pouvoirs magiques, tu te tiens toujours en tout lieu où trois chemins se rencontrent, pour nous éclairer, toi la déesse aux trois Formes:

'SELENIS dans le Ciel
'ARTEMIS sur la Terre
et 'HECATE dans la Nuit et les Ténèbres ...

A l'instar des Héros de la Mythologie, nul ne conteste plus aujourd'hui le pouvoir et la magie de la Lumière qui représente un apport considérable sous tous les apects, à la qualité de vie Urbaine, la Ville avec son Histoire, ses Espaces et ses Monuments, retrouve une résonnance particulière lorsque la Lumière et l'Eclairage la submergent dès le coucher du Soleil. Donc, si l'Eclairage Fonctionnel nous oblige à un résultat quantitatif et photométrique, l'Eclairage Architectural lui nous oblige à un résultat qualitatif ou la Poésie et l'Art ont une place encore plus importante dans la hiérarchie des contraintes à résoudre.

C'est ainsi que nous concevons la Lumière, comme une Science et un Art au service des citoyens pour donner une nouvelle forme de vie aux bâtiments aux rues et aux parcs qui ont tant souffert de l'utilisation aveugle et sauvage des lumières artificielles qui malmènent encore plus gravement nos yeux.

La lumière peut faire parfois plus peur que la Nuit ...

Ô Déesse, lorsque la Terre est drapée de Nuit ...

Wenn die Erde von der Nacht umschlungen wird

...OH, NACHT! Du verschwiegene Gefährtin unserer Geheimnisse. Oh, HECATE! Deine Macht bricht alles, was Dir zu widerstehen versucht. Du bist mit all unseren Wunschvorstellungen vertraut und Du bringst uns Hilfe bei unseren Gebeten ...

... Wenn die Erde von der Nacht umschlungen wird.

Du HECATE bist die Göttin des Mondschattens und der geheimnisvollen Nächte. Du wirst auch die Göttin der Wegeskreuzung sein. Getrieben von magischen Kräften bist Du immer dort am Ort, wo drei Pfade zusammentreffen, um uns zu erleuchten. Du die Göttin der drei Erscheinungsformen:

SELENIS im Himmel
ARTEMIS auf der Erde
und HECATE in der Nacht und der Finsternis ...

Im Spiegel der Helden der Mythologie, wird niemand mehr die Macht und die Magie des Lichts bestreiten wollen. Das Licht ist ein nicht mehr weg zu denkender Bestandteil des städtischen Lebens. Die Stadt mit ihrer Geschichte und ihren Geschichten, ihren Plätzen und Bauwerken taucht aus dem Schattenspiel des Sonnenuntergangs durch Licht und Beleuchtung verändert wieder auf. Eine nur funktionale Beleuchtung belastet uns mit einem quantitativen, nur photometrischen Ergebnis. Architekturbeleuchtung erbringt zwingend ein qualitatives Resultat, bei dem die Poesie und die Kunst eine viel größere Bedeutung in einer Hierarchie der Problemlösungen zu spielen beginnt, als die reine Vermessung notwendiger Helligkeiten.

So konzipieren und begreifen wir Licht genauso als Wissenschaft wie auch als Kunst im Dienst der Menschen, um das Leben in den Häusern, auf den Straßen und in den Parks ein Stück angenehmer zu gestalten. Die Menschen haben lange genug unter dem gnadenlosen und blinden Regime künstlicher Lichter gelebt, die unsere Augen nicht zu lenken, sondern nur in die Irre zu führen vermögen.

Manchmal kann uns das Licht mehr in Angst versetzen, als die Nacht es je könnte ...

Oh, Göttin! Wenn die Erde von der Nacht umschlungen wird...

LORSQUE LA TERRE EST DRAPÉE DE NUIT
Hecate LC • Eclairage Architectural

HECATE
INTERNATIONAL

BERLIN UND BEIRUT, ZWEI HAUPTSTÄDTE IM AUFBAU
Berliner Bank - Aktiengesellschaft

La Berliner Bank est une banque dont les racines et l'identité sont étroitement liées à celle de Berlin. La chute du mur a évidemment eu des répercussions directes sur son marché local traditionnel. Cette banque membre du groupe des Banques de Berlin AG tient la première place parmi les institutions financières de la capitale allemande. La Berliner Bank s'engage activement par des investissements importants à la reconstruction de Berlin et de ses environs.

Depuis que la capitale allemande a regagné son statut de centre de commerce, de finances et de services au sein de la communauté internationale, la Berliner Bank a élargi ses propres engagements à l'étranger pour suivre l'expansion de la capitale.

Beyrouth, la capitale Libanaise est devenue un centre d'interêt croissant pour la Berliner Bank de par son passé et les prédictions pour son rôle futur très parallèle à celui de Berlin.

A l'occassion de l'ouverture de sa nouvelle branche de représentation à Beyrouth en Mars 1996, la Berliner Bank a envoyé une délégation économique allemande au Liban pour créer de nouveaux liens entre les deux pays, et renforcer la participation allemande à la reconstruction du Liban. La Berliner Bank est la première banque d'affaires allemande à participer au financement de plusieurs projets au Liban.

Für die Berliner Bank AG, deren Wurzeln und Identität eng mit Berlin verbunden sind, haben sich im Zuge des Mauerfalls die Rahmenbedingungen ihres traditionellen "Home Markets" grundlegend verändert. Als Unternehmen innerhalb der Bankgesellschaft Berlin AG und dem damit verbundenen Anspruch, die führende Bank der deutschen Hauptstadt zu sein, ist die Berliner Bank AG im Rahmen von Finanzdienstleistungen aber auch durch umfangreiche eigene Investitionen aktiv am Strukturaufbau Berlins und seines Umlands beteiligt.

Die wiedergewonnene Hauptstadtfunktion Berlins wird die Profilierung der Stadt als Handels-, Finanz- und Dienstleistungszentrum von internationalem Rang zweifellos fördern. Für die Berliner Bank AG heißt das, ihre eigenen Stützpunkte im Ausland zu erweitern und die Verbindungen zu ausländischen Finanzplätzen zu verstärken.

Die libanesische Hauptstadt Beirut rückte dabei in den vergangenen Jahren zunehmend in den Brennpunkt unseres Interesses, nicht zuletzt, da die jüngste Historie der Stadt und die Vision von ihrer zukünftigen Rolle zahlreiche Parallelen zu Berlin aufweist.

Anläßlich der Eröffnung ihrer neuen Repräsentanz in Beirut im März 1996 führte die Berliner Bank AG eine Delegation deutscher Unternehmen in den Libanon, um die Wirtschaftskontakte zwischen beiden Ländern zu fördern und für eine stärkere deutsche Teilnahme am Wiederaufbau des Libanon zu werben. Schon jetzt tritt die Berliner Bank AG als erste deutsche Geschäftsbank auch bei der Finanzierung von Projekten im Libanon in Erscheinung.

BERLINER BANK
AKTIENGESELLSCHAFT

Place des Martyrs *Oil on Canvas, 260/180 cm, 1996*	I (9)	**Place des Martyrs** Öl auf Leinwand, 260/180 cm, 1996	
Rue de triste *Oil on canvas, 197/110 cm, 1995*	II (10)	**Rue de triste** Öl auf Leinwand, 197/110 cm, 1995	
Concordia *Oil on canvas, 300/200 cm, 1995*	III (11)	**Concordia** Öl auf Leinwand, 300/200 cm, 1995	
Demolition of the power station Friedrichshain *Oil on canvas, 237/189 cm, 1995*	IV (12)	**Abriß des Umspannwerks Friedrichshain** Öl auf Leinwand, 237/189 cm, 1995	
Beirut-Downtown *Oil on canvas, 293/198,5 cm, 1995*	V (13)	**Beirut-Downtown I** Öl auf Leinwand, 293/198,5 cm, 1996	
Souk I *Oil on canvas, 330/180 cm, 1995*	VI (14)	**Souk I** Öl auf Leinwand, 330/180 cm, 1996	
Souk II *Oil on canvas, 330/180 cm, 1996*	VII (15)	**Souk II** Öl auf Leinwand, 330/180 cm, 1996	
Weinhaus Huth *Oil on canvas, 303/291 cm, 1996*	VIII (17)	**Weinhaus Huth** Öl auf Leinwand, 303/291 cm, 1996	
Yellow city I *Oil on canvas, 330/180 cm, 1993*	IX (18)	**Gelbe Stadt I** Öl auf Leinwand, 330/180 cm, 1993	
Yellow city II *Oil on canvas, 330/180 cm, 1993*	X (19)	**Gelbe Stadt II** Öl auf Leinwand, 330/180 cm, 1993	
Beirut Downtown II *Oil on canvas, 197/110 cm, 1996*	XI (20)	**Beirut-Downtown II** Öl auf Leinwand, 197/110 cm, 1996	
Serail *Oil on canvas, 259/194 cm, 1996*	XII (21)	**Serail** Öl auf Leinwand, 259/194 cm, 1996	
Reichstag II *Oil on canvas, 288/185 cm, 1996*	XIII (22)	**Reichstag II** Öl auf Leinwand, 288/185 cm, 1996	
Reichstag I (View in the assembly hall) *Oil on canvas, 220/200 cm, 1996*	XIV (23)	**Reichstag I (Blick in den Plenarsaal)** Öl auf Leinwand, 220/200 cm, 1996	
Facade Leipziger Straße *Oil on canvas, 189,5/195,5 cm, 1996*	XV (46)	**Fassade Leipziger Straße** Öl auf Leinwand, 189,5/195,5 cm, 1996	
Facades in Beirut *Oil on canvas, 3parts total 330/197 cm, 1996*	XVI (47)	**Fassaden Beirut** Öl auf Leinwand, 3 teilig gesamt 330/197 cm, 1996	
Facade with view *Oil on canvas, 210/120 cm, 1996*	XVII (48)	**Fassade mit Aussicht** Öl auf Leinwand, 210/120 cm, 1996	
Berlin-Spandau *Oil on canvas, 144/120 cm, 1996*	XVIII (49)	**Berlin-Spandau** Öl auf Leinwand, 144/120 cm, 1995	
Walls I *Oil on canvas, 144/120 cm, 1996*	XIX (50)	**Wände I** Öl auf Leinwand, 144/120 cm, 1995	
Walls II *Oil on canvas, 144/120 cm, 1996*	XX (51)	**Wände II** Öl auf Leinwand, 144/120 cm, 1995	
Holiday Inn *Oil on canvas, 214/180 cm, 1996*	XXI (52)	**Holiday Inn** Öl auf Leinwand, 214/180 cm, 1996	
Object I *Oil on canvas, 237/187 cm, 1996*	XXII (53)	**Objekt I** Öl auf Leinwand, 237/187 cm, 1996	
Object II *Oil on canvas, 237/187 cm, 1996*	XXIII (54)	**Objekt II** Öl auf Leinwand, 237/187 cm, 1996	
Object III *Oil on canvas, 237/187 cm, 1996*	XXIV (55)	**Objekt III** Öl auf Leinwand, 237/187 cm, 1996	
Rue des Banques *Oil on canvas, 125/120 cm, 1996*	XXV (56)	**Rue des Banques** Öl auf Leinwand, 125/100 cm, 1996	
Le grand stade *Oil on canvas, 189,5/195,5 cm, 1996*	XXVI (57)	**Le grand stade** Öl auf Leinwand, 189,5/195,5 cm, 1996	
Urban landscape *Oil on canvas, 160/140 cm, 1996*	XXVII (58)	**Stadtlandschaft** Öl auf Leinwand, 160/140 cm, 1996	
fenced in *Oil on canvas, 150/145 cm, 1996*	XXVIII (59)	**eingerüstet** Öl auf Leinwand, 150/145 cm, 1996	

Stefanie Bürkle	**Stefanie Bürkle**
born 1966 in Heibronn (Germany)	geb. 1966 in Heibronn
Studied Arts at Hochschule der Künste, Berlin	1985 -87 Studium Freie Malerei an der Hochschule der Künste, Berlin
Move to Paris	1986 Umzug nach Paris
Diplom Scenographie, Ecole des Beaux Arts, Paris	1989 Diplom Scenographie, Ecole des Beaux Arts, Paris
Move to Berlin	1993 Umzug nach Berlin

Set Designs	**Bühnenbilder**

"Die Operette" (Hebbeltheater, Berlin), Director: H. Bara-nowski; "Casanova" (Kunstamt Potsdam), Director: H. Bern-hofen; "Duell/Traktor/Fatzer" (Berliner Ensemble, Berlin), Director: Heiner Müller; "Biedermann und die Brandstifter" (Théâtre Ivry); "La Poule Noir" (Théâtre Villejuif); "L'Ecole des Femme" (Théâtre St. Quentin); "4700 Hände ..." (Theater am Halleschen Ufer, Berlin), Director: M. Erpenbeck; "La bataille d'Arminius" (Théâtre Nanterre-Amandiers) Director: Jean Jourdheuil

"Die Operette" (Hebbeltheater, Berlin), Regie: H. Bara-nowski; "Casanova" (Kunstamt Potsdam), Regie: H. Bern-hofen; "Biedermann und die Brandstifter" (Théâtre Ivry); "La Poule Noir" (Théâtre Villejuif); "L'Ecole des Femme" (Théâtre St. Quentin); "Duell/Traktor/Fatzer" (Berliner Ensemble, Berlin), Regie: Heiner Müller; "4700 Hände ..." (Theater am Halleschen Ufer, Berlin), Regie: M. Erpenbeck; "La bataille d'Arminius" (Théâtre Nanterre-Amandiers) Regie: Jean Jourdheuil

Assistences	**Assistenzen**

Théâtre Bobigny (Paris) of Gilles Aillaud and Titina Maselli; Kammerspiele (München) of Jürgen Rose; Oper Luwigshafen of Guy Claude Francois

Théâtre Bobigny (Paris) für Gilles Aillaud und Titina Maselli; Kammerspiele (München) für Jürgen Rose; Oper Luwigshafen für Guy Claude Francois

Exhibitions	**Ausstellungen**

Salon Montrouge (Paris)	1990	Salon Montrouge (Paris)
Galérie de la Ville (Paris)		Galérie de la Ville (Paris)
Musée Adzak (Paris)	1991	Musée Adzak (Paris)
Galerie Sakschewski, Berlin	1993	Galerie Sakschewski, Berlin
Galerie ACUD (Berlin)	1994	Galerie ACUD (Berlin)
Senatsverwaltung für Bauen und Wohnen (Berlin)		Senatsverwaltung für Bauen und Wohnen (Berlin)
"Im Weg – Art in public space" (Berlin)	1995	"Im Weg – Kunst im öffentlichen Raum" (Berlin)
Espace Chenel (Paris)		Espace Chenel (Paris)
Büro Schwenk (Berlin)		Büro Schwenk (Berlin)
"Zweimal 5x5", Kunstamt Kreuzberg/Bethanien (Berlin)	1996	"Zweimal 5x5", Kunstamt Kreuzberg/Bethanien (Berlin)

copyright

vice versa verlag
Waldemarstraße 81 • 10997 Berlin
ISBN 3-9803212-7-4

Stefanie Bürkle & Thomas Sakschewski

Berlin: Straßmannstr. 27 • 10249 Berlin • Tel.: 030.426.45.95
Beirut: c/o Hecate, 370 Rue Pasteur • Tel.: 01. 442.922

Publishers / Herausgeber:	Stefanie Bürkle & Thomas Sakschewski
Design / Gestaltung:	Thomas Sakschewski
Printed by / Druck:	PRO Style S.a.r.l., Beirut